MÉMOIRE
SUR LES ÉLECTIONS
DE LA MAYENNE,
EN 1820.

MÉMOIRE

EN FORME DE PÉTITION

SUR LES

ÉLECTIONS DE LA MAYENNE

EN 1820.

PRÉSENTÉ A LA CHAMBRE DES DÉPUTÉS

PAR M. TRIPPIER (BARTHÉLEMY),

ANCIEN CONTRÔLEUR DES CONTRIBUTIONS DIRECTES.

PARIS,

CHEZ { BOUSQUET ET BATAILLE, libraire, au Palais-Royal, Galerie de Bois.
CORRÉARD, libraire, au Palais-Royal.

6 JUILLET 1821.

DE L'IMPRIMERIE DE P. DUPONT,

A MESSIEURS
LES DÉPUTÉS
DES DÉPARTEMENTS.

Messieurs,

En présentant à la séance du 7 de ce mois le nouveau projet de loi sur la liberté de la presse, M. le comte Siméon, ministre de l'Intérieur, vous disait, *qu'il n'y a rien de caché de ce qui se passe dans la Chambre et de ses discussions et des pétitions que les citoyens lui adressent, qu'aucun fait important n'a été enseveli dans le silence.*

L'assertion de *Son Excellence* n'est pas exacte; votre commission des pétitions a enseveli dans le silence le plus profond une protestation faite par une partie des membres du collége électoral du département de la Mayenne, contre les dernières élections de ce département.

Cette protestation, enregistrée sous le

n° 321 a disparu et les recherches faites pour la retrouver ont été jusqu'ici infructueuses.

Pour faciliter de nouvelles recherches, je viens porter à la connaissance de la Chambre, non-seulement les faits contenus dans la protestation des électeurs, mais encore de nouveaux faits, des détails plus étendus et enfin des faits qui n'ont été connus ou accomplis qu'après la tenue du collége électoral.

Sans doute si je présentais cette pétition manuscrite, elle aurait le même sort que celle qu'elle est destinée à faire retrouver. Afin d'éviter cet inconvénient, je la fais imprimer et distribuer à la Chambre au nombre de 200 exemplaires.

Il est bon et licite, disait encore Monsieur le ministre de l'Intérieur, à la même séance, *de publier de véritables griefs contre les autorités constituées et le Gouvernement.* Rien n'est plus vrai. J'entre en matière.

Comme beaucoup d'autres, le Prefet du département de la Mayenne à *négligé* de porter sur les listes générales trois à quatre cents électeurs, et par ce seul fait le collége électoral a été réduit au cinquième, au lieu du quart fixé par la loi.

Les percepteurs ont été réunis dans les

chefs-lieux de sous-préfecture, afin de rechercher sous les yeux de l'autorité, non les citoyens qui avaient négligé de se faire inscrire lors de la formation des listes pour les élections de 1819, mais au contraire ceux qui devaient en être retranchés.

Le but apparent de cette réunion de percepteurs était de faire des inscriptions d'office, mais en réalité, elle n'était destinée qu'à opérer le plus grand nombre de retranchemens possible.

Les listes ont été closes long-temps avant le 7 novembre; dans un très-grand nombre de communes, elles n'ont pas été affichées, notamment à Bais et à Ambrières, chefs-lieux de canton; il serait très-rigoureux d'insister sur cette formalité; elle n'est pas très-importante en elle-même. La publicité par le seul moyen des affiches est illusoire : le préfet le savait si bien qu'il défendit expressément aux imprimeurs de réimprimer et de vendre les listes.

Mais ce n'est pas de toutes ces vétilles dont il peut être utile d'entretenir la Chambre.

Il s'agit d'un fait bien autrement important, bien autrement grave.

Dans le département de la Mayenne, et

sans doute il est l'unique, on ne s'est pas borné à torturer et à fausser la loi du 29 juin 1820; le préfet a cru pouvoir faire revivre l'ordonnance du Roi du 21 juillet 1815, avec cette différence cependant que le Roi, dans sa prévoyante sagesse, avait fixé à vingt le nombre des électeurs que les préfets pouvaient adjoindre aux colléges; tandis que le préfet de ce département, de sa pleine puissance et souveraine autorité, en a créé *cinquante*.

Cartes sur table, je vais dérouler devant vous, Messieurs, le tableau des fraudes et des manœuvres à l'aide desquelles le préfet de la Mayenne, puissamment secondé par le conseil de préfecture, est parvenu à ajouter aux dispositions déjà si larges de la loi du 29 juin les dispositions arbitraires de l'ordonnance du 21 juillet 1815.

Afin d'apporter dans cet exposé toute la clarté et la concision dont il est susceptible, j'ai formé un tableau général des électeurs adjoints. Ce tableau est divisé en séries. Chaque série devient ensuite la matière d'un chapitre particulier dans lequel les titres de chacun des électeurs adjoints sont appréciés et réduits à leur juste valeur.

LISTE des adjonctions faites au collége électoral du département de la Mayenne.

NUMÉROS l'ordre.	NUMÉROS de la liste.	NOMS.	DEMEURES.	Contributions.
		Ire SÉRIE.		
1.	113.	De Berset (Claude) . . .	Laval.	4,913f.
2.	146.	Lemonier-Lorière fils. . .	*Id.*	4,913
		IIe SÉRIE.		
3.	35.	Ernault Desmoulins. . .	Châteaugont.	2,650
4.	41.	Guays des Touches. . .	*Id.*	1,877
5.	42	Jarry (Henri).	*Id.*	2,350
6.	43.	Jarry Brossinière. . . .	*Id.*	2,433
7.	57.	Poulain de la Forettrie .	*Id.*	1,808
		IIIe SÉRIE.		
8.	87.	De Boutray..	Laval.	1,298
9.	122.	De la Broise de Raizeux.	St-Berthevin.	1,844
10.	78.	Bource	Bouërre.	1,213
11.	99.	Bidault de Glatigné. . .	Laval.	1,229
12.	294.	Fortin Moulinière . . .	Mayenne.	1,340
13.	282.	Thiroux de Saint-Cyr. .	Ernée.	1,353
		IVe SÉRIE.		
14.	145.	Leclerc Delauney . . .	Laval.	1,624
15.	156.	Querruau Lamerie . . .	*Id.*	1,228
16.	290.	Foucher	*Id.*	1,259
		Ve SÉRIE.		
17.	163.	De Bailly de Fresnay . .	LeBourg-Neuf	2,260
18.	267.	Pinon de Saint-Georges.	St.-Georges.	4,685

Suite de la Liste des adjonctions.

NUMÉROS d'ordre.	NUMÉROS de la liste	NOMS.	DEMEURES.	Contributions.
		VIe SÉRIE.		
19.	212.	Novel de la Touche. . .	Mayenne.	1,500f.
20.	297.	Lemesnager de la Duffrie.	*Id.*	1,625
21.	299.	Tiger de Roufigny . . .	*Id.*	1,423
		VIIe SÉRIE.		
22.	183.	Lespescheux - Mortain. .	Ernée.	1,869
23.	190.	Dugué.	Landivy.	1,449
24.	191E	Fleury-Huardière. . . .	Dézertines.	1,812
25.	220.	Chevallier	Mayenne.	1,281
26.	227.	Lemercier-Motterie. . .	*Id.*	1,214
		VIIIe SÉRIE.		
27.	83.	Chevallier Chantepie. .	Laval.	1,335
28.	88.	De Couasnon	La Croisille.	1,186
29.	104.	Boullier (Eugène) . . .	Laval.	2,222
30.	109.	Courte de Vilcler. . . .	*Id.*	2,049
31.	112.	De Baglion	*Id.*	3,505
32.	123.	De la Porte.	Changé.	2,143
33.	167.	Riffault.	Beaulieu.	1,406
34.	176.	Deschamps, Duméry . .	St.-Denis.	1,634
35.	201.	De Chappedelaine . . .	Grazay.	2,078
36.	202.	De la Broise.	Mayenne.	1,533
37.	204.	Dnpont.	*Id.*	1,752
38.	211.	Moullin.	*Id.*	2,319
39.	223.	Duméry de Guitterie .	Placé.	3,112
40.	240.	Leclerc (Léon)	Forcé.	1,281
41.	261.	Laureau	Ernée.	1,483
42.	265.	De Cheffontaines. . . .	Fromentières.	1,307
43.	266.	Guays aîné	Parné.	1,302
44.	270.	Dumans de Chalais. . .	Laval.	1,402
45.	271.	Gaulthier (Victor). . .	*Id.*	1,360

Suite et fin de la Liste des adjonctions.

NUMÉROS d'ordre.	NUMÉROS de la liste.	NOMS.	DEMEURES.	Contributions.
46.	272.	Gaulthier de Saint-Cyr..	Laval.	1,290f.
47.	278.	Boullier de Branche. . .	Ernée.	1,518
48.	286.	Lefaucheux	Evron.	1,227
49.	292.	Bouchard de la Poterie .	Lehorps.	1,263
50.	293.	Trouillard.	La Chapelle.	1,216

PREMIÈRE SÉRIE.

Les deux articles dont se compose cette série n'ont pas été placés sans dessein à la tête de la liste des adjonctions ; ils serviront comme de pierre de touche pour faire apprécier le mérite des faits contenus dans ce Mémoire. Les titres de M. de Berset, l'un des nouveaux députés, ont été produits à la Chambre, et peuvent encore être consultés. M. de Berset a épousé la sœur de M. Lemonier Lorière, et les titres de ce dernier sont les mêmes que ceux de M. de Berset. Il est nécessaire d'entrer à cet égard dans quelques détails.

M. de Berset et M. Lemonier-Lorière, son beau-frère, ont été portés sur la liste des électeurs de département pour une somme de 4,913 fr. chacun. M. Lemonier-Lorière, leur père et beau-père, est inscrit sur la même liste, sous le n° 92, pour 9,827 fr. Ainsi les contributions de la famille Lemonier-Lorière ont été divisées en quatre parts absolument égales, dont deux ont été attribuées au père, et une à chacun des enfans.

M. Lemonier-Lorière père et son épouse avaient contracté mariage sous l'empire de l'ancienne coutume du Maine. Cette coutume donne à l'époux survivant en propriété la moitié des biens acquis au cours de la communauté, et l'autre moitié en usufruit. Madame Lemonier-Lorière est morte : toutes les propriétés dont se compose l'immense fortune de M. Lemonier-Lorière ont été acquises, soit au cours de la communauté, soit depuis le décès de son épouse. M. Lemonier-Lorière père est donc seul propriétaire ou usufruitier de la totalité des biens imposés dans son nom.

Mr. de Berset et Mr. Lemonier-Lorière, son beau-frère, ont été dotés en argent et en rentes. Les contributions que M. de Berset paie de son chef ne s'élèvent qu'à 453 fr. 03 c.; celles de M. Lemonier-Lorière sont encore inférieures à cette somme : ils n'auraient dû ni l'un ni l'autre être portés sur la liste des électeurs de département.

Mais où donc a été fait ce partage si juste, si exact de la fortune de M. Lemonier-Lorière père, entre lui, son fils et son gendre ? Il a été fait en conseil de préfecture présidé par le préfet; et toutes les réclamations à ce sujet, soit de vive voix, soit par écrit, ont été sans succès.

Malgré la solennité de ce partage des biens de M. Lemonier-Lorière père, il paraît que celui-ci en a appelé comme d'abus; car M. de Berset, en produisant à la Chambre ses titres à l'éligibilité, n'a compté que 2,135 fr. 48 c. de contribution provenant de la fortune de son beau-père, au lieu de 4,913 fr., somme pour laquelle ils avait été compris dans la liste des électeurs. Au reste il va bientôt être démontré que cette somme même de 2,135 f. 48 c. porte sur des propriétés qui n'ont pas cessé d'appartenir à M. Lemonier-Lorière père.

Afin de procéder avec méthode il est utile de remettre ici sous les yeux de la Chambre le rapport fait par M. Sappey dans la séance du 26 décembre, textuellement inséré au *Moniteur* du 27.

M. Sappey : « Le collége du département « de la Mayenne avait deux députés à nommer.

« Le 6e bureau a remarqué que le procès-« verbal d'élection faisait mention d'une pro-« testation déposée sur le bureau du collége « contre la formation irrégulière des listes « électorales dressées par le préfet de ce dé-« partement. Le bureau, consulté par le pré-« sident sur cette réclamation, a déclaré que « tout examen de ce genre lui était interdit.

« Votre 6e bureau a reconnu que cette dé-« cision était conforme à l'art. 8 de la loi du » 5 février 1817, ainsi qu'à l'art. 9 de l'ordon-« nance royale du mois d'octobre dernier, et « qu'il ne devait pas s'en occuper lui-même.

« Le collége électoral de la Mayenne était « composé de 303 électeurs : 276 ont pris « part aux élections. M. Leclerc de Beaulieu « a réuni la majorité des suffrages au premier « tour de scrutin; il est âgé de 51 ans et paie « 2,809 fr. d'impositions.

» M. de Berset (Claude René) a obtenu 161 « suffrages. Son extrait de naissance constate « qu'il est âgé de 44 ans. Il paie de son chef « 453 francs 03 c. d'impositions sur les com- « munes du Pertre et d'Argentré, arrondis- « ment de Vitré, et sur celle de Laval; ensuite « M. de Berset à produit des certificats qui « établissent que M. Lemonier-Lorière, son « beau-père, paie 9,488 fr, 89 c., et il a pré- « tendu devoir profiter du quart de ces con- « tributions par suite du décès (5 ventose « an 11) de Mme Lorière, sa belle-mère, qui « a laissé deux enfans; savoir, M. Lorière fils « et Mme de Berset.

« Plusieurs membres du bureau ont con- « testé cette prétention; alors M. de Berset a « appelé l'attention du bureau sur un certi- « ficat de contributions ainsi intitulé : *Ar- « ticle 149 du rôle foncier : M. Lorière, à « Laval, maintenant à M. de Berset, à « Paris, paie 2,135 fr. 48 c.* Certificat déli- « vré par le sieur Gilbert, du Pont-Château, « percepteur de la commune de Contigné, « arrondissement de Segré, conformément « au rôle de 1819. Le maire a légalisé la si- « gnature du percepteur, et le sous-préfet « de cet arrondissement celle du maire.

« Ce certificat, délivré par le susdit per-
« cepteur, a levé les difficultés que présen-
« taient les autres pièces au nom de M. Le-
« monier-Lorière, et a paru suffisant à
« votre 6e bureau pour me charger de vous
« proposer l'admission de M. de Berset, con-
« jointement avec celle de M. de Beaulieu,
« pour le département de la Mayenne. »

Ainsi les titres de M. de Berset, et comme électeur de département et comme éligible, reposent uniquement sur la valeur de l'extrait du rôle de la commune de Contigné pour l'année 1819. La forme insolite de sa rédaction avait sans doute inspiré quelques soupçons à M. Sappey, qui l'a souligné dans son rapport. M. le rapporteur du 6e bureau ne s'était pas trompé dans ses conjectures : l'extrait du rôle de la commune de Contigné n'est pas conforme (le mot est poli), n'est pas conforme au rôle. Cette indication *maintenant à M. de Berset, à Paris*, ne peut pas exister ; jamais les rôles ne contiennent les noms de l'ancien et du nouveau propriétaire ; c'est seulement sur les états de mutations et sur les matrices que se trouvent ces sortes de renseignemens.

Une seule hypothèse pourrait servir d'excuse au percepteur de Contigné. Si dans les états de mutations rédigés en 1819 pour 1820, le nom de M. de Berset avait été substitué à celui de M. Lemonier-Lorière, la faute commise par le percepteur serait beaucoup moins grave. Mais il n'en est pas ainsi : les propriétés comprises sous le n° 149 du rôle de Contigné étaient imposées en 1819, et sont encore imposées aujourd'hui au nom *unique* de M. Lemonier-Lorière. La preuve de ce fait est établie par l'extrait suivant de la matrice générale de la commune de Contigné, délivré par le directeur des contributions directes du département de Maine-et-Loire.

Ab uno disce ommes !

DÉPARTEMENT
de
MAINE-ET-LOIRE.

DIRECTION
des
CONTRIBUTIONS.

Extrait de la matrice générale de la Commune de Contigné.

NOM, PRÉNOMS et Demeures des Propriétaires.	REVENU foncier.	MONTANT de l'impôt foncier.	MONTANT de l'impôt des portes et fenêtres.
	ANNÉE 1819.		
LEMONIER-LORIÈRE, propriétaire à Laval.......	fr. c. 6,950 25	fr. c. 2,083 9 (1)	fr. c. 55 64
	ANNÉE 1820.		
Idem.........	6,950 25	2,080 48	54 95

Certifié par le directeur des contributions directes.

Angers, le 12 janvier 1821.

Signé, PIGALLE-VAREILLE.

Vu pour légalisation de la signature de M. Pigalle-Vareille, directeur des contributions directes, apposée ci-dessus

Angers, le 12 janvier 1821.

Le secrétaire-général, *chevalier de Saint-Louis*,
Signé de LEVARÉ.

---

(1) On remarquera une légère différence entre cette somme et celle portée au rapport de M. Sappey : cette différence provient d'une portion de centimes additionnels dont les matrices ne font pas mention.

IIe Série.

Les cinq électeurs compris dans cette série sont tous *séparés* de biens de leurs femmes, dont les contributions ont cependant été comptées à chacun d'eux ; ici le préfet a confondu à dessein la séparation et la non-communauté en faveur de laquelle la loi a fait exception. Une longue correspondance a été entretenue avec lui à ce sujet : il a été impossible de rien obtenir; c'était un parti pris ; les électeurs convenaient à l'autorité.

Il est utile sans doute d'ajouter que le dernier terme du cens dans le département de la Mayenne est de 1186 fr, et que les contributions des biens que possèdent personnellement les électeurs qui sont l'objet de cet article, sont bien inférieures à cette somme.

IIIe Série.

M. de Boutray, receveur général, paie réellement 1,166 fr. de contributions directes; mais pour être électeur il faut 1,186 fr. Etre si près et n'arriver pas, c'eût été jouer de malheur. Heureusement avec le préfet de la Mayenne il est des accommodemens : on mit d'abord à M. de Boutray une patente de 184 fr.; une patente à un receveur général, c'était trop fort ! tout le monde se récria : la patente disparut et fut remplacée par un article de 132 fr. de portes et fenêtres à Paris, que M. de Boutray *ne paie pas*.

M. DE LA BROISE DE RAIZEUX a compté dans le relevé de ses contributions la totalité de la terre du Chatellier, dont un quart seulement lui appartient, et la métairie de Monguyon, qui ne lui appartient pas du tout. La métairie de Monguyon a été vendue par M. de Raiseux à M. de la Rochelambert, par acte au rapport de Me Josset, notaire à Laval. Les trois quarts de la terre du Chatellier appartiennent aux héritiers d'un fils qu'avait M. de Raizeux, et qui est décédé depuis long-temps. Les contributions de ces deux objets excèdent la somme de 1,050 fr. dans laquelle la métairie de Monguyon est comprise pour 450 fr. : que l'on retranche la totalité de cette somme et les trois quarts de surplus, il ne reste alors à

M. de la Broise de Raizeux que 944 fr., et il n'est plus électeur de département.

M. Bource a épousé une demoiselle Angoulvant. Il a compté les contributions de sa femme; il a eu raison. Mais Madame Bource a une sœur, et M. Bource a compté aussi les contributions de cette sœur, et il a eu tort.

M. Bidault de Glatigné. Ici c'est un peu moins grave. M. Bidault de Glatigné n'a ajouté à ses contributions que celles de Mlle Bidault sa propre sœur, et d'ailleurs il était électeur-adjoint en 1815 : c'était justice qu'il le fût aussi en 1820.

M. Fortin-Moulinière. Il faut que la vérité soit connue; mais aussi il faut autant que possible la faire connaître avec quelque ménagement. Un certificat de propriété, lorsqu'il est présenté tout fait à la signature d'un homme confiant, et surtout, quand il est rédigé d'une manière obscure et tortueuse, peut être quelquefois légèrement donné. On se bornera donc à dire ici que dans la somme de 1,340 fr., pour laquelle M. Fortin-Moulinière figure sur la liste des électeurs, 200 fr. au moins portent sur des propriétés qui appartiennent bien à un M. Fortin, mais ce M. Fortin n'est pas M. Fortin-Moulinière.

M. THIROUX DE SAINT-CYR (Etienne) avait, on ne sait trop pourquoi, fait porter dès long-temps en son nom deux propriétés situées dans la commune de Brecé, qui appartiennent à Mlle de Maison sa belle-sœur, et qui paient plus de 250 fr. de contribution foncière : pourquoi n'avait-il pas pris la même précaution pour les siennes propres? Elles sont imposées sous le nom de Thiroux (1). On ne lui a demandé ni certificat de propriété ni certificat d'identité. Cependant le préfet et son conseil étaient suffisamment avertis à cet égard. M. Thiroux de Saint-Cyr ne payant pas par lui-même les contributions nécessaires, avait eu recours à une délégation de sa belle-mère; mais la malencontreuse délégation portait expressément qu'il avait un fils âgé de 17 ans, et l'on sait que le petit-fils, quel que soit son âge, exclut le père dans ce cas; ainsi l'a décidé le Conseil d'état, juge compétent, ou reconnu tel. La délégation fut mise de côté; le reste alla vaille que vaille.

---

(1) Il existe dans le département de la Mayenne, plusieurs propriétaires qui portent le même nom.

IVe Série.

MM. Leclerc, Querruau et Foucher sont veufs. La majeure partie des biens dont se compose la fortune de chaque famille appartient aux enfans. Quelques-uns de ces enfans sont majeurs, et en déduisant la portion de contribution de chaque enfant majeur, MM. Leclerc, Querruau et Foucher ne peuvent plus faire partie du collége de département. Ils rentrent dans les colléges d'arrondissement.

Ve Série.

M. de Bailly de Fresnay a transféré son domicile politique à Versailles dans le cours de l'année 1818. C'est un fait de notoriété publique dans le département de la Mayenne; cette translation de domicile a même été insérée dans les petites affiches du temps.

M. Pinon de Saint-Georges possède dans le département de la Mayenne un château et une belle terre ; mais il a toujours eu et n'a pas cessé d'avoir son domicile réel et politique dans le département du Loiret.

VIe SÉRIE.

MM. NOVEL DE LA TOUCHE, LEMESNAGER-DE-LA-DUFFRIE, et TIGER DE ROUFIGNY, compris dans cette VIe série, possèdent par indivis avec Mme veuve de Sarcus, née Lemesnager, et Mlle Mézière-Lemesnager, leurs sœurs et belles-sœurs, une fortune assez considérable : cette fortune n'est cependant pas telle qu'elle puisse donner pour chacun 1,186 fr. de contributions directes. Afin d'établir les droits des trois électeurs, il aurait fallu dresser le relevé de toutes les contributions de la famille, et prendre ensuite le cinquième pour chacun : voilà précisément ce qu'on s'est bien gardé de faire. Les extraits de rôles fournis sont, les uns sous le nom des héritiers *Lemesnager*, les autres avec cette simple désignation : *La Duffrie à Mayenne;* d'autres enfin avec des indications différentes. Aucun des extraits n'est accompagné d'un certificat de propriété. Il est inutile d'en dire davantage à ce sujet.

VIIe SÉRIE.

Les cinq électeurs désignés dans cette

VIIe série n'ont été portés sur la liste de département qu'en vertu de délégations données par leurs belles-mères, qui toutes ont des fils ou petits-fils. Mme veuve Girard de Mayenne avait aussi donné une délégation à M. Lesegretain son gendre; mais Mme Girard a un fils mineur, et la délégation a été rejetée. Si le préfet de la Mayenne et son conseil avaient jugé convenable d'établir une jurisprudence différente de celle adoptée par le Conseil d'état, il aurait fallu du moins en faire également l'application à tous.

VIIIe Série.

M. Courte de Vilcler est porté sur la liste des électeurs en vertu d'une délégation de sa mère. Cette délégation n'existe pas; madame Courte de Vilcler a refusé de la donner.

M. Leclerc (Léon) a la propriété des biens sur lesquels portent les contributions qui ont été comptées; mais l'usufruit de ces mêmes biens ne lui appartient pas, et chacun sait que l'exercice des droits d'électeur est attaché à l'usufruit.

M. Laureau, ayant vendu une partie de ses

propriétés, écrivit au préfet qu'il ne payait plus les contributions nécessaires pour être électeur de département, et demanda lui-même sa radiation. L'électeur d'arrondissement qui devait le remplacer ne convenant pas à l'autorité, M. Laureau fut maintenu sur la liste : M. Laureau n'a pas voté.

M. de Cheffontaines n'a été inscrit au nombre des électeurs de département qu'à la faveur d'un titre sous signature privée non enregistré. Beaucoup d'autres ont présenté des titres de cette nature; ils ont été rejetés.

M. Gaulthier (Victor), sur une simple déclaration de sa belle-mère, portant qu'elle lui avait fait abandon de telles et telles propriétés, a été établi sur la liste des électeurs.

M. Chevalier Chantepie, conseiller de préfecture, a compté les contributions de sa mère qui, ne lui a pas donné de délégation, ou celles de son frère, dont il a acheté, dit-on, les propriétés par acte sous signature privée non enregistré. M. Lefaucheux a emprunté les contributions de sa sœur ou de son beau-père. MM. Guays et de Couasnon celles de leurs frères. M. Dumans de Chalais n'a rien emprunté à personne il a été porté sur la liste de grâce plénière; enfin aucun des électeurs compris dans cette dernière série ne paye personnellement la somme de 1186, nécessaire pour être électeur de département.

Il résulte des faits qui précèdent, que le préfet du département de la Mayenne, en tronquant les listes d'arrondissement a privé soixante-quinze électeurs au moins de l'exercice d'un droit qui leur était conféré par le nouveau code électoral, et que de sa propre autorité il a adjoint au collége de département cinquante *intrus*.

Voilà avec quelle déloyauté la loi du 29 juin a reçu son exécution dans la Mayenne. Artisan de fraudes, de mensonges, de faux; faussaire lui-même (1), le préfet de ce département a comblé, dans la formation des listes électorales, la mesure des méfaits les plus honteux et de l'iniquité la plus scandaleuse.

---

(1) L'inscription faite sciemment d'un électeur d'arrondissement, qui ne paie, par exemple, que 500 fr. de contributions, sur une liste d'électeurs de département, où l'on ne peut être admis qu'avec 1186, n'est pas un faux matériel; c'est cependant un faux, et le préfet qui l'ordonne est un faussaire. Il en est de même d'un électeur porté sur la liste, en vertu d'un titre qui n'existe pas.

Quels que soient vos dissentimens politiques, Messieurs, vous voulez tous que les lois soient exécutées avec bonne foi, avec probité. Je ne prends point de conclusions, j'en laisse le soin à votre sagesse et à votre justice. N'est-ce pas à vous, en effet, qu'il appartient d'appeler sur les fonctionnaires infidèles le juste châtiment de leurs prévarications? C'est à vous qu'il appartient encore de provoquer des améliorations à cette loi du 29 juin, qui se prête merveilleusement aux manœuvres que je viens de signaler, loi sous l'empire de laquelle, avec le système qui a présidé a son exécution (1), le gouvernement représentatif

(1) Une chose digne de remarque, c'est qu'au moment de la discussion de la loi du 29 juin, toute l'*élasticité* de la disposition qui devait fixer le nombre des électeurs de département, soit au quart, soit dans toute autre proportion, n'ait pas été *généralement* sentie; et combien il eût été plus loyal de déterminer une somme de contribution quelconque, comme pour les colléges d'arrondissement.

Dans une hypothèse donnée, lorsque les colléges d'arrondissement ne sont pas convoqués, les électeurs appartenant à l'un des deux partis qui divisent la France, certains de ne point arriver au collége du département, ont intérêt à ne pas se faire porter sur les listes pour assurer le triomphe de leur opinion.

ne peut être, je ne crains pas de le dire, qu'une vaine et odieuse jonglerie politique, indigne de

---

Si l'autorité penche du côté des électeurs qui ont négligé de se faire inscrire, l'inscription n'a pas lieu; si l'autorité penche du côté opposé, l'inscription est faite d'office.

L'exemple suivant, pris il est vrai sur une trop petite échelle, démontrera mieux que des raisonnemens à quel point le quart, voulu par la loi du 29 juin pourrait devenir vague et indéterminé.

La liste des électeurs de la Mayenne, encore affichée le 7 novembre, offrait pour dernier terme du cens, la somme de 1,156 fr.; tout le monde savait que plus de 300 électeurs d'arrondissement n'avaient pas encore été portés sur les listes générales. On s'attendait à une nombreuse promotion, et le public, sans doute, était entretenu à dessein dans cette idée par les agens de l'autorité.

Vingt électeurs constitutionnels se trouvaeint groupés autour de cette somme de 1,156 fr., quelques-uns au-dessus, le plus grand nombre au-dessous, mais tous très-près; ils étaient arrivés là péniblement et en surmontant les obstacles sans cesse renaissans que leur opposait l'administration. Quant aux électeurs, monarchiques pourvus des contributions de leurs parens, de leurs amis, de leurs connaissances, ils avaient dépassé dès long-temps le but marqué en secret pour le moment de la clôture définitive.

Qu'arriva-t-il? le cens, au lieu de descendre à 1,100 fr. environ, ainsi que chacun s'y attendait, fut élevé tout-à-coup, par l'arrêté de clôture des listes,

la France; indigne du Roi libéral et philosophe qui nous a donné la Charte.

à 1,186 fr., et cela au moyen de l'introduction dans le collége de quatre électeurs tenus en réserve, peut-être à cet effet, et tel qui, porté pour une somme supérieure à 1,156 fr., avait négligé trois à quatre cents francs de contribution qu'il aurait pu produire, et se croyait bien définitivement établi sur la liste; (*M.* Lepêcheux-Dauvais par exemple) en fut éliminé.

Que si au contraire les vingt électeurs groupés autour de la somme de 1,156 fr., avaient appartenu à l'opinion pour laquelle soufflait en 1820 le vent de la faveur ministérielle, alors l'insertion spontanée de quatre-vingts noms sur les listes d'arrondissement les faisait entrer à pleines voiles au port électoral.

On appellera tant que l'on voudra de semblables moyens, un pareil système, le règne de la légalité; on dira pompeusement si l'on veut que le gouvernement actuel se distingue, surtout de ceux qui l'ont précédé, parce qu'il est essentiellement légal; légal, soit; mais loyal, non.

Ce fait n'est pas rapporté au surplus pour le reprocher au préfet; il en est entièrement innocent, au moins quant à l'invention. Une telle conception excède la mesure de son esprit étroit et borné, son imaginative ne va pas jusques là. Des fraudes grossières et telles qu'elles ont été signalées dans cette pétition, voilà son lot; il est là sur son terrain, dans son élément; mais, ici, c'est autre chose, et pour en trouver la source, il faudrait remonter plus haut.

Je me résume et je me borne à demander que conformément à tous les précédens de la Chambre, cette pétition soit jointe à la pétition N° 321, et rappportée en même temps qu'elle; je demande cependant encore, car dans une pétition il faut bien demander quelque chose, je demande que les titres produits par les électeurs du grand collége du département de la Mayenne soient mis sous vos yeux, ou qu'il soit fait une enquête sur la formation des listes électorales dans ce département.

Je suis avec le plus profond respect,

Messieurs,

Votre très humble
et très obéissant serviteur.

TRIPPIER.

www.ingramcontent.com/pod-product-compliance
Lightning Source LLC
LaVergne TN
LVHW010406240826
846091LV00020B/2772